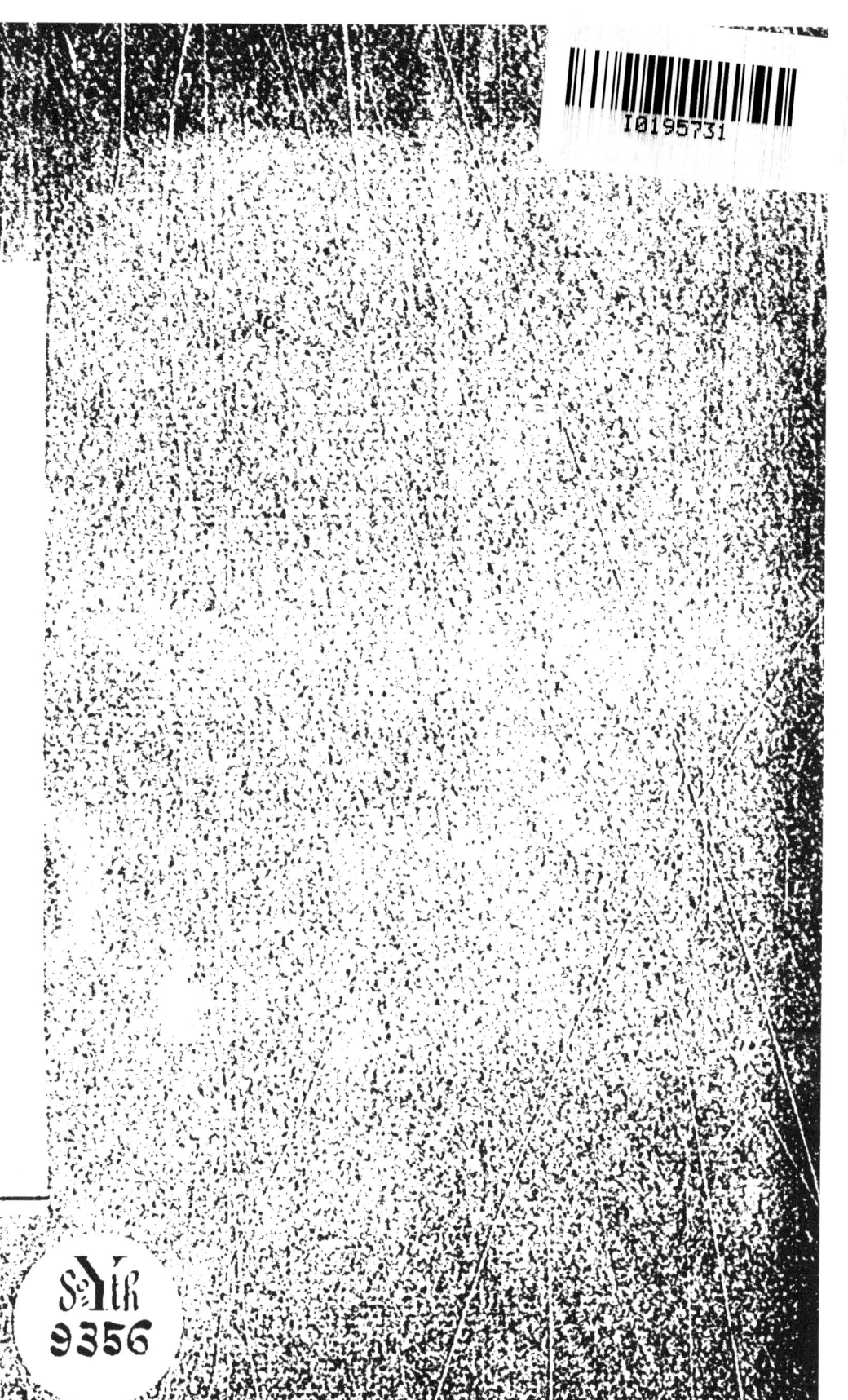

JEAN-BART

A

VERSAILLES,

Fait historique, en un Acte, mêlé de Couplets;

Par M. MARÉCHALLE et ***.

Représenté, pour la première fois, sur le Théâtre de la Gaîté, le 1er. Mars 1817.

PARIS,

BARBA, Libraire, Palais-Royal, derrière le Théâtre Français, n°. 51.

∙∙∙∙∙∙∙∙∙

DE L'IMPRIMERIE D'ÉVERAT, RUE DU CADRAN, N°. 16.

1817.

PERSONNAGES.   ACTEURS.

JEAN-BART.................... MM. Bignon.

Pierre GRUIN, Payeur de la
  Marine......................... Genest.

Christophe PATOULET, Com-
  mis de la Marine à Dunkerque.   Basnage.

UN CONSEILLER.............   Darcourt.

ERNEST, Aspirant de Marine..   Victor.

EUFRASIE, Pupille de M. Gruin. Mme. Adolphe.

JULIE, Fille de M. Gruin ..... Mlle. Émilie Hugens

UN LAQUAIS................. M. Lequien.

La Scène se passe à Versailles, dans un appartement affecté aux bureaux de la Marine.

JEAN-BART

A VERSAILLES,

Fait historique, en un Acte, mêlée de Couplets.

SCÈNE PREMIÈRE.

M. GRUIN, EUFRASIE, JULIE.

M. GRUIN, *entrant en colère.*

C'en est assez.

JULIE.

Mais mon père....

M. GRUIN.

Laissez-moi.

EUFRASIE.

Mais, Monsieur...

M. GRUIN.

Paix ! C'est une chose décidée, vous dis-je, et vous savez que je n'aime pas qu'on me résiste.

JULIE.

Air : *Du partage de la richesse.*

Voyez donc, elle se désole,
Votre arrêt cause son chagrin.

M. GRUIN.

J'en suis fâché, j'ai donné ma parole.

EUFRASIE, *à part.*

Mais je n'ai pas donné ma main.

M. GRUIN.

Pour être heureuse, il faut qu'une fillette
Prenne conseil de l'âge mûr.

JULIE.

Mais votre cœur..

M. GRUIN.

Mon cœur est dans ma tête.

EUFRASIE, *à part.*

C'est donc pour ça qu'il est si dur.

(*haut.*) Ce mariage n'est pas encore fait.

M. GRUIN.

Il se fera, Mademoiselle, je suis votre tuteur, et vous n'ignorez pas que j'ai sur vous toute l'autorité d'un père; je sais ce que je fais en vous donnant à Christophe Patoulet, mon meilleur ami, honnête homme, dont je connois l'esprit et le cœur; il ne peut que vous rendre heureuse, et j'ai la conscience en repos.

EUFRASIE.

Votre amitié pour lui vous aveugle, Monsieur; je le connois, je l'ai vu en Bretagne, et il ne m'a jamais paru que sot, méchant et ridicule.

SCENE II.

Les Précédens, PATOULET.

PATOULET.

Me voilà, mon ami, me voilà.

M. GRUIN.

Eh! c'est lui, ce cher ami! ce bon Christophe Patoulet.

PATOULET.

Premier commis de l'intendance et de l'administration de la marine, rade et port de Dunkerque.

M. GRUIN.

Dis-moi, mon ami, viens-tu de Dunkerque ici tout droit?

PATOULET.

Tout droit? oui mon ami, c'est-à-dire, oui d'un sens; j'ai d'abord été à Paris, et je viens de Paris ici on m'a dit que tu étois à Versailles, j'ai pris vite une petite voiture, et me voilà. Tu loges donc au château, toi, mon cher?

M. GRUIN.

Oui, payeur de la marine, tu sens qu'on ne pouvoit pas se passer de moi. Le ministre m'a fait donner un logement.

PATOULET.

C'est fort bien, tu es presqu'à la cour... Mais je ne vois pas ta chère pupille.

M. GRUIN.

Elle est devant toi.

PATOULET, *à Eufrasie.*

Pardon, Mademoiselle, je suis aujourd'hui d'une distraction!.. Hélas! vous voyez devant vous un timide aspirant! (*à Gruin.* Sais-tu, mon ami, qu'elle est charmante?...

M. GRUIN.

Parlons un peu de ton voyage.

PATOULET.

Il a été très-bon.

M. GRUIN.

Et tu te portes...

PATOULET.

Comme à l'ordinaire.

M. GRUIN.

Ah! tant mieux.

PATOULET.

Mais, mon ami, à l'ordinaire je suis malade.

M. GRUIN.

Ah! tant pis alors. Et qu'as-tu donc avec cette apparence de santé?

PATOULET.

Dans ce moment ci, par exemple, je souffre horriblement d'un point de côté... dans le dos.

M. GRUIN.

Est-ce que tu n'as pas consulté?...

PATOULET.

Ah! mon dieu si, toute la médecine. D'après la dernière consultation, on m'a déclaré que les affections douloureuses que j'éprouvois étoient justement ma santé, et que tant que je n'aurois que cela, je ne serois pas plus sérieusement malade.

M. GRUIN.

Oh! c'est différent, cela me rassure.

PATOULET.

Dis-moi donc, Jean-Bart n'est-il pas ici?

M. GRUIN.

Oui, mais nous ne l'avons pas encore vu.

JULIE.

C'est aujourd'hui qu'on le présente au Roi. Vous le connoissez?

PATOULET.

Si je le connois?... Oui, je le connois. Je suis payé pour ça.

M. GRUIN.

Qu'est-ce donc?

PATOULET.

Un bras démis et trois côtes enfoncées, pas davantage.

EUFRASIE et JULIE *riant*.

Ah! ah! ah!...

PATOULET.

Quoi, mademoiselle?...

M. GRUIN.

Quel oubli des convenances! (*à Eufrasie*). Est-ce ainsi, Mademoiselle, que vous vous intéressez au sort d'un époux!...

EUFRASIE.

Jamais je ne serai Madame Christophe Patoulet, je sais qu'on ne peut pas me marier sans mon consentement, qu'il faut que j'y sois et que je dise *oui* pour que la chose ait lieu. Or, tant qu'on ne me parlera que de ce mariage, on n'entendra jamais sortir de ma bouche que non. Je ne suis pas de ce pays-ci moi, je suis de Saint-Malo, et j'ai de la tête.

M. GRUIN *outré*.

Mais a-t-on jamais vu?...

PATOULET.

Moi aussi, je suis de Saint-Malo, mais ce n'est pas à ma tête qu'on s'en aperçoit.

M. GRUIN.

Eh bien, Mademoiselle, si aujourd'hui vous ne signez votre contrat de mariage avec Monsieur, demain je vous fais reconduire à votre couvent.

EUFRASIE.

Mais je n'y veux pas retourner, moi, Monsieur.

M. GRUIN.

Mais je veux que vous y retourniez, moi, Mademoiselle.

EUFRASIE, *à part*.

Ah! mon dieu! mon dieu! suis-je assez malheureuse!

PATOULET.

Épousez-moi pour faire votre bonheur.

EUFRASIE.

Il est bien certain que je vous préférerai au couvent.

PATOULET.

C'est tout ce qu'on vous demande.

EUFRASIE.

Mais prenez y garde.

Air : *Du Pèlerin*.

Il est, et vous le savez bien,
Quelque secret, quelque moyen
Pour venger une pauvre femme
D'un mari qu'abhorre son âme ;
Et qui lui donne ce secret?...
L'homme qui plaît.

(*A part.*) Et cet homme-là s'appelle Ernest.

PATOULET.

Plaît-il?

M. GRUIN.

Viens, mon ami; viens chez le notaire.

PATOULET.

Mais voilà une petite personne qui manifeste des intentions!...

M. GRUIN.

Bagatelles!... Ma femme m'avoit fait les mêmes menaces, et Dieu sait ce qu'il en a été.

PATOULET.

Air : *Où allez-vous, Monsieur l'Abbé?*

Dieu, sans doute, connoît le cas,
Mais tout cela n'empêche pas,
Entre nous, qu'un pauvre homme...

M. GRUIN.

Eh! bien?...

PATOULET.

Mon cher ne soit en somme ..
Tu me comprends bien.

(Ils sortent.)

SCENE III.

EUFRASIE, JULIE.

EUFRASIE.

Si je l'épouse, cela est sûr... j'en mourrai.

JULIE.

Mais aussi pourquoi t'être attachée à cet Ernest, simple aspirant de marine qui n'a point de fortune.

EUFRASIE.

Mais, Mademoiselle, si je le trouve bien comme il est, cela ne regarde que moi; d'ailleurs j'ai assez de fortune pour deux.

JULIE.

Ce n'est pas moi qu'il faut convaincre, ma bonne amie, c'est mon père et le moyen, entêté comme il l'est. Ah! voici M. le Conseiller.

SCENE IV.

Les mêmes, LE CONSEILLER.

LE CONSEILLER.

Mesdames, je vous salue; vous voilà bien seules.

JULIE.

Et bien désolées.

LE CONSEILLER.

J'en suis fâché; je venois vous chercher pour vous conduire à la messe du Roi.

JULIE.

Quelle aimable attention !

LE CONSEILLER.

Jean-Bart y sera, c'est ce matin qu'on le présente.

JULIE.

Jean-Bart ? Je meurs d'envie de le voir : on dit de lui des choses si extraordinaires !....

LE CONSEILLER.

Et je vous assure qu'il les justifie bien.

Air : *de la Sentinelle.*

Sous la rudesse et la simplicité,
Il cache un cœur plein d'honneur, de droiture;
Et ce cœur neuf, est d'abord révolté
Au moindre aspect de fourbe ou d'imposture.
Parlant avec sincérité,
Il croit aux vertus des vieux âges,
Et ne voudroit voir respecté
Que l'honneur, que la probité...
Il ignore tous nos usages.

JULIE.

Quel homme est-ce ?

LE CONSEILLER.

C'est une espèce de Huron, qui parle peu, mais qui agit beaucoup. Ses gestes, ses moindres mouvemens sont, dit-on, brusques et bruyans comme l'ouragan et la tempête; cela n'est pas mal sans doute en pleine mer, sur un vaisseau de soixante-quatorze; mais dans un salon, sur un sopha de satin rose, par exemple, au milieu d'un cercle de jolies femmes, cela doit être ravissant.

JULIE.

Oh ! oui, je me le représente.

LE CONSEILLER.

Mais venez, Mesdames, car nous n'aurions point de places, il y a affluence; allons belle Eufrasie....

EUFRASIE.

Dispensez m'en, je vous prie, M. le Conseiller.

JULIE, *au Conseiller.*

Ma bonne amie a des chagrins; je vous conterai cela.

Air : *Verse encor, encor, encor, encor.*

Mais partons, partons, partons, partons,
Car plus tard nous pourrions
Ne point trouver de place;
Mais partons, partons, partons, partons,
Et quand nous reviendrons
De Jean-Bart nous rirons.

LE CONSEILLER.

Si l'on rit de lui,
Qu'il l'ignore de grâce;
Ou de nous ici,
C'en est fait aujourd'hui.
Je me promets bien,
Quoiqu'il dise ou qu'il fasse,
Grave en mon maintien,
De ne railler sur rien.

JULIE ET LE CONSEILLER, *en sortant.*

Mais partons, partons, partons, partons, etc.

SCÈNE V.

EUFRASIE, *seule.*

Quelle tyrannie! vouloir me faire épouser un homme que je hais, lorsqu'Ernest!... Mais je ne le reverrai plus, il m'a peut-être oubliée? Après m'avoir juré un amour éternel! Ah! mon Dieu, mon Dieu, que les hommes ont peu de mémoire! moi, je l'aime toujours, je pense toujours à lui. Il n'étoit pas raisonnable, je le vois, d'écouter un marin; mais réfléchit-on quand on aime? Je sais maintenant ce qu'il en coûte; et quelque soit l'époux qu'on m'offrira, mon parti est bien pris.

Air : (*Contredanse.*)

Non, je ne veux plus aimer,
L'amour cause des peines
Trop difficiles à calmer,
Dans le cœur qu'il sut enflammer.
En vain ce dieu si charmant,
Voudront maintenant
Me donner des chaînes;
Plus d'amant,
J'en fais serment,
Je veux tous les fuir...
Dussé-je en mourir.

J. Bart à Versailles.

2

SCENE VI.

EUFRASIE, ERNEST, à l'écart.

ERNEST, à part.

Bon, elle est seule !

EUFRASIE, continuant sans voir Ernest.

Non, je ne veux plus aimer, etc., etc.

C'est
Vous, Ernest,
Qui seul pouvez charmer ma vie,
L'ingrat m'oublie;
Mais
Si je le voyois
Ah! je lui dirois :
Je veux bien encor vous aimer,
Venez calmer mes peines;
Malgré l'absence et sa rigueur,
Vous étiez présent à mon cœur.

EUFRASIE, surprise en voyant Ernest.

Quoi, c'est vous !

(*Ensemble.*)

EUFRASIE.

Je veux bien encor vous aimer, etc.

ERNEST.

Vous n'avez cessé de m'aimer,
Ah! c'est calmer
Mes peines.
A la crainte, enfin, dans mon cœur,
Va donc succéder le bonheur.

ERNEST.

Je vous revois enfin, ma chère Eufrasie !

EUFRASIE.

Apprenez-moi donc bien vite comment vous vous trouvez en ces lieux.

ERNEST.

Je suis à Paris depuis trois jours avec Jean-Bart. Après quelques recherches, j'ai appris que vous demeuriez au château de Versailles avec votre tuteur, et me voila.

EUFRASIE.

Le plaisir de nous revoir sera cruellement troublé par les nouvelles que j'ai à vous apprendre.

ERNEST.

Qu'est-ce donc?

EUFRASIE.

Mon tuteur s'est mis en tête de me marier, et il m'a présenté ce matin même son protégé. Je lui ai témoigné toute ma répugnance pour le mariage, c'est-à-dire, pour le mari qu'il m'offroit; mais il ne veut rien entendre.

JEAN-BART, *dans la coulisse.*

Allons, allons, au large vous dis-je.

EUFRASIE.

Ah! mon Dieu! d'où vient ce bruit?

ERNEST.

Je ne me trompe pas, c'est Jean-Bart.

EUFRASIE.

Jean-Bart!

ERNEST.

Lui même.

EUFRASIE.

Je me sauve.

ERNEST, *l'arrêtant.*

Ne craignez rien.

JEAN-BART, *dans la coulisse.*

Par là corbleu, veut-on me démâter ici?

(*Il entre tenant sa pipe.*)

SCÈNE VII.

Les Précédens, JEAN-BART.

ERNEST.

Ah! bonjour, mon commandant.

JEAN-BART.

Toi ici, petit.

ERNEST.

Moi-même. Mais à qui en avez-vous donc?

JEAN-BART.

A ces vieux requins à hallebarde qui veulent m'empêcher de fumer.

Air: *Le briquet frappe la pierre.*

Si j'en crois cette canaille,
Défense est faite à la Cour
De fumer, triste séjour;
Car, qui fait-on rien qui vaille?

Et Messieurs les courtisans
Passent assez mal leur tems.
Dès que l'ennui nous talonne,
Nous fumons, tout est fini ;
Or, qu'on le défende ici,
Par ma foi, le trait m'étonne.
A la Cour, j'ai cru pourtant
Qu'on devoit fumer souvent.

ERNEST.

Vous avez bien raison, mon commandant.

JEAN-BART.

Mais qu'as-tu donc petit ? Tu m'as l'air triste comme une peniche en quarantaine. En te promenant dans ces parages où la franchise n'est guères de mode, quelqu'un t'auroit-il molesté ? Corbleu ! je suis de ton bord ; si l'on t'a fait quelqu'injure, demandes en raison hardiment et compte sur moi.

Air : *De l'Enfantine.*

Sois sans crainte (*bis.*)
Abjure tristesse et plainte ;
Sois sans crainte (*bis.*)
Jean Bart sera ton second.
Si, quoique ton droit soit bon,
Tu meurs, du moins la vengeance
Suivra de près ton offense...

EUPHRASIE, *à part.*

Belle consolation !

JEAN-BART.

Aux méchans faire
La guerre,
Est mon plaisir le plus grand.

ERNEST.

Or, je ne m'étonne guère,
Si vous vous battez souvent.

JEAN-BART.

Sois sans crainte, etc.

ERNEST.

Ah ! mon commandant ; je gémis d'un outrage que ni ma valeur ni la vôtre ne peuvent réparer.

JEAN-BART.

Que dis-tu ? voyons, parle.

ERNEST, *montrant Euphrasie.*

Eh ! bien, mon commandant, j'aime Mademoiselle.

JEAN-BART, *la regardant*.

Ah ! ah ! mais on en aime de plus laide.

ERNEST.

Son père, qui étoit l'ami du mien, avoit cent fois parlé de nous unir. Ce digne homme est mort, et elle dépend aujourd'hui d'un tuteur qui veut autrement disposer d'elle.

JEAN-BART.

Bah! il faut lui donner la cale-sèche à ce brûlot là. Mais quelle est cette jolie petite ? Corbleu, ça vous a l'air vif et éveillé comme un aviso sous bon vent.

ERNEST.

Mademoiselle est fille d'un brave marin, mort sur son banc de quart, en combattant pour sa patrie.

JEAN-BART.

Mort en combattant pour sa patrie ! et comment s'appeloit ce brave homme là ?

ERNEST.

Le capitaine d'Oudeville.

JEAN-BART.

Le capitaine d'Oudeville ! le capitaine d'Oudeville !

EUFRASIE.

L'auriez vous connu ?

JEAN-BART

Si je l'ai connu ? j'ai servi sous lui en qualité de mousse ; c'est lui qui m'a lancé... brave homme ! il m'a fait administrer je ne sais combien de coups de corde sur les reins ; mais je ne lui en veux pas.

Air : *Vaudeville des Maris ont tort.*

Plein d'une froide indifférence,
Lorsqu'un ami, sur nos défauts,
Use d'un excès d'indulgence,
Je ne vois en lui qu'un cœur faux.
Cent fois votre père en sa vie,
Mais, pour mon bien, me corrigea..

EUFRASIE.

Protégez-moi donc, je vous prie,
En mémoire de ce bien là.

JEAN-BART.

Voyons, que puis-je faire pour vous ? Voulez-vous que j'assomme votre tuteur ?

EUFRASIE.

Vous êtes bien bon, Monsieur, et je vous remercie de tant de zèle ; mais n'y auroit-il pas quelques moyens plus doux ?

JEAN-BART.

Parlez, parlez; ah! j'aime beaucoup les moyens doux, moi; mais pourquoi votre tuteur ne veut-il pas d'Ernest?

EUFRASIE.

Parce qu'il a d'autres partis en vue, et il est si intéressé, il ne le trouveroit pas assez riche.

JEAN-BART.

Batterie de bas bord, pas assez riche? un bon Français qui s'est couvert de gloire dans trois campagnes.

Air : *Des Filles à marier.*

Jamais sa valeur ne chancelle,
Il faut le voir dans un jour de combat;
Le Roi n'a pas de sujet plus fidèle,
Moi je n'ai pas de plus vaillant soldat.
Faut-il combattre, ah! quelle est son ivresse,
Au feu, toujours on le voit des premiers,
Il a de tous nos vieux guerriers,
La plus honorable richesse,
Des blessures et des lauriers.

EUFRASIE.

Des blessures!...

JEAN-BART.

Oui, je vous promets qu'il en a huit ou dix bonnes sur le corps...

ERNEST.

Ce n'est rien mon commandant, un bon Français ne les compte qu'à la douzaine.

JEAN-BART.

Et qu'il les a reçues au champ d'honneur. La victoire l'a toujours protégé.

EUFRASIE.

Ces titres là sont glorieux sans doute, mais de bien peu de valeur auprès d'un financier qui prétend que cent blessures ne valent pas un écu comptant.

JEAN-BART.

On pourra bien lui faire savoir ce que ça vaut; mais à quel Crésus veut-il donc vous marier?

EUFRASIE.

A M. Christophe Patoulet.

JEAN-BART.

Le commis de marine de Dunkerque?

EUFRASIE.

Lui-même,

JEAN-BART.

Air : *L'Amour est un Dieu volage.*

Quoi ! c'est à cette carcasse,
Sans pavillon et sans mâts,
Qu'on remettroit tant d'appas ?
Corbleu ! je ne le veux pas.
Non, quoiqu'on dise ou qu'on fasse,
Je connois un sûr moyen
Pour empêcher cet hymen.
Et, s'il persiste à prétendre
Capturer autant d'attraits,
D'abord, moi, je le fais pendre.
Et puis nous verrons après.

EUFRASIE.

Mais il n'en faudroit pas davantage.

JEAN-BART.

Seroit-il ici ?

EUFRASIE.

Oui, Monsieur, il est à Versailles pour solliciter, a-t-il dit, un poste très-élevé.

JEAN-BART.

J'ai contre lui certain grief qui pourroit bien lui valoir en effet un poste élevé, mais de tout autre genre que celui qu'il sollicite : il a sciemment compromis et entravé le service du Roi ; je lui ai d'abord enfoncé deux ou trois côtes.

ERNEST, *à part.*

Pourquoi ne les lui a-t-il enfoncées toutes ?

JEAN-BART.

Mais sans préjudice des poursuites d'usage.

EUFRASIE.

Monsieur, au lieu de perdre Patoulet, faites plutôt au Roi, un rapport en faveur d'Ernest ; ses bons services lui vaudront peut-être la bienveillance de notre monarque, et mon tuteur alors ne refusera pas de nous unir.

JEAN-BART.

Ah ! parbleu, vous avez raison, Sa Majesté sait déjà que c'est lui qui dans la dernière affaire enleva à l'ennemi son pavillon de poupe et celui de contre-amiral.

ERNEST.

J'ai fait mon devoir.

Air : *Vaudeville de Turenne.*

Quand l'ennemi, de votre haine
Ressent les trop justes effets,
Près de vous, peut-on, capitaine,
Oublier que l'on est français ?
D'un sang-froid presqu'égal au vôtre,
Je me disois, dans l'action :
» Si j'enlève leur pavillon,
» De gloire je couvre le nôtre. »

JEAN-BART.

Je dois être présenté ce matin au Roi ; il veut me voir, je ne sais pas qui diable a pu lui mettre cette fantaisie là en tête, mais il commande et j'obéis... Franchement je crains bien d'échouer dans ces parages.

ERNEST.

Echouer ?... quand vous venez d'illustrer la marine française ; mon commandant, je gagerois le contraire.

JEAN-BART.

Tu juges cela toi petit ? Sache donc que la cour est une mer sur laquelle celui qui se croit le mieux lancé est en un instant coulé à fond, et que celui qui tient le gouvernail est souvent trompé dans sa manœuvre par un troupeau de malandrins qui veulent ramer chacun de leur côté, et qui empêchent quelquefois le vaisseau d'aller droit. Tu sais ce que c'est maintenant, ainsi tu dois concevoir mon embarras et mon inquiétude en paroissant ici pour la première fois... si je sais qu'elle contenance tenir, je veux bien que le diable m'emporte.

Air : *De Marianne.*

Appareiller sous vents contraires,
Là, pavillon blanc, ici noir ;
Voir en grande eau certains corsaires
Qu'à fond de cale on voudroit voir ;
 De grands messieurs,
 Bien glorieux ;
 Des freluquets
Et d'insolens laquais ;
 Là, révéré,
 Ici bourré,
 Et de l'éclat
Passant au calme plat.
Sur mon bord, je le dis sans feinte,
Battu par les flots en courroux,
Ou du canon bravant les coups,
 On sent moins la contrainte.

Il y a encore l'étiquette, qui est d'une tyrannie !...

EUFRASIE.

Mais, Monsieur ne se pique pas de l'observer rigoureusement.

JEAN-BART.

Il y a pourtant de sots usages devant lesquels il faut baisser pavillon malgré soi ; par exemple, je ne suis pas trop délicat moi, mais je ne puis vous dire tout ce que je souffre en ce moment.

EUFRASIE.

En quoi donc ?

JEAN-BART.

Vous voyez bien cette culotte là...

ERNEST.

Elle est d'un drap d'or de toute beauté.

JEAN-BART.

Oui, mais elle est doublée de drap d'argent, c'est l'étiquette à ce qu'ils disent, au diable cette étiquette là. On ne seroit pas plus tourmenté quand on auroit à ses trousses tous les Moustics des côtes de Barbarie.

ERNEST, *à Eufrasie.*

C'est un tour qu'on lui aura joué.

EUFRASIE, *à Ernest.*

J'en suis fâchée, il est si bon !

JEAN-BART,

Je vous demande un peu l'utilité d'une semblable parure?

EUFRASIE.

Vous n'en aviez pas besoin pour paroître aux yeux de Louis XIV,

Air :

Quand, pour le salut de la France,
Vous braviez les mers en courroux,
Votre habit n'étoit pas, je pense,
Ce qui brilloit le plus en vous ;
Et cependant, on a vu la victoire
Vous accorder plus d'un laurier.
Le simple habit qu'il sut couvrir de gloire,
Sert en tous lieux de parure au guerrier.

(*On entend sonner une heure.*)

JEAN-BART.

Déjà une heure ! et le Roi qui m'attendoit à midi, je m'en vais bien vite et je lui parlerai pour vous.

EUFRASIE.

De grâce dites lui....

JEAN-BART.

Par-là, sang-bleu, est-ce que vous croyez que je ne saurai pas bien lui dire tout ce qu'il faudra pour l'intéresser à la fille d'un brave, mort pour son service, ainsi qu'à un autre brave qui ne demande pas mieux que de s'y faire tuer, n'est-ce pas petit ?...

ERNEST.

N'en doutez pas, mon commandant, mais le plus tard sera le meilleur.

J. Bart à Versailles.

JEAN-BART.

Bien, bien, je te connois; ainsi donc, je dirai au Roi, avec la plus grande politesse, parce que je suis naturellement doux et poli, et qu'en second lieu on ne doit pas parler autrement à un Roi, corbleu Sire... Mais laissez moi faire, et quand à M. Patoulet...

SCENE VIII.

Les Précédens, PATOULET.

PATOULET, à part.

Mais je ne me trompe pas, c'est Jean-Bart.

JEAN-BART continuant.

Je lui dirai deux mots à l'oreille, et s'il ne se départ pas de ses prétentions...

PATOULET, à part.

De qui parle-t-il donc?

JEAN-BART.

Je ferai valoir les miennes, je vous le promets, et vous aurez le plaisir de voir danser une sarabande en l'air, à ce sapajou d'Amérique.

PATOULET, à part.

Pas de doute, c'est de moi qu'il parle.

EUFRASIE, bas à Jean-Bart.

Il est là, il nous écoute.

JEAN-BART.

Oui, tant mieux, laissez-moi faire, je vais l'aborder.

(Il tourne Patoulet et le saisit à la gorge au moment où celui-ci, remarquant le mouvement de Jean-Bart, avisoit la porte pour s'esquiver.)

Air: Cosaque.

Ah!
Le Voilà!
Qu'il s'offre donc là
Bien à propos
Pour votre repos.
Le ciel pour vous
Se montre plus doux,
Et c'est lui
Qui
L'amène ici;
Oui.

PATOULET, *d'un ton doucereux.*

C'est moi,
Ma foi,
Enchanté,
Transporté,
De pouvoir
Avoir
De vos nouvelles.
Or, entre nous,
Comment vous portez-vous !
J'ai tant d'amitié !...

JEAN-BART, *le secouant.*

Bagatelles.

Ensemble.

PATOULET, *à part.*	ERNEST et EUFRASIE.	JEAN-BART.
Ah !	Ah !	Ah !
Le voilà !	Le voilà !	Le voilà !
Vraiment, je viens là	Qu'il s'offre donc là	Qu'il s'offre donc là
Mal à propos	Bien à-propos	Bien à-propos
Pour mon pauvre dos.	Pour notre repos.	Pour votre repos.
Ciel, à ses coups,	Le ciel pour nous	Le ciel pour vous
M'abandonnez-vous ?	Se montre plus doux ;	Se montre plus doux ;
Près de lui,	Et c'est lui	Et c'est lui
Je tremble aujourd'hui ;	Qui l'amène ici,	Qui l'amène ici,
Oui.	Oui.	Oui.

PATOULET.

Permettez, mon petit M. Jean-Bart...

JEAN-BART.

Oser attaquer la fille de mon capitaine ! mauvais rameur de chiourme !...

PATOULET.

Mais permettez, M. Jean-Bart...

JEAN-BART.

Paix !... tu renonces à cet enfant-là, entends-tu ?... Mais entends-tu ?

PATOULET.

Oui, oui, M. Jean-Bart, et fort bien même.

JEAN-BART.

Si non, je parle de toi au Roi, et je lui demande la permission de t'examiner sur mon bord, alors ton affaire est sûre, je te fais accrocher à la pointe de mon grand mât, et je t'y laisse jusqu'à ce que les corbeaux aient fait de ton corps un fanal.

PATOULET.

Un fanal ?... eh bien, c'est clair ça.

JEAN-BART.

Tu me connois déjà, ainsi songe bien à ce que je viens de te dire, et cesse de louvoyer par ici, ou tu verras si je suis de parole.

EUFRASIE, *à Ernest.*

Ah! qu'il est aimable! et que je l'aime!

(On entend sonner deux heures.)

JEAN-BART.

Deux heures! je ne verrai pas le Roi, je vous laisse. (*à Eufrasie.*) Adieu ma belle enfant. (*à Ernest.*) Touche là petit. (*à Patoulet.*) Toi, lève l'ancre et cingle vers Dunkerque, ou à mon retour je jette sur toi le grappin. (*Il sort.*)

SCÈNE IX.

LES MÊMES, *excepté Jean-Bart.*

PATOULET.

Le joli petit caractère!

EUFRASIE.

Tenez, M. Patoulet, il vous rend un vrai service en vous empêchant de m'épouser.

PATOULET.

Mais, Mademoiselle, vous êtes furieusement dans l'erreur, si vous croyez que je renonce à vous.

ERNEST.

Comment?...

EUFRASIE.

Mais vous venez de promettre...

PATOULET.

Pas précisément, Mademoiselle, d'ailleurs c'étoit le pistolet sous la gorge, et l'on sait que cela n'engage à rien.

ERNEST.

Ah! le pistolet! le poing.

PATOULET.

Le poing de Jean-Bart, M. ne sait pas ce que c'est...

ERNEST.

Ainsi donc, vous persistez dans vos prétentions?

PATOULET.

Ce n'est pas moi, c'est mon ami, M. Gruin, qui persiste à vouloir me faire épouser sa pupille; elle est jolie et riche, et je suis trop honnête pour refuser.

ERNEST.

C'est assez remettre mes intérêts à d'autres, je vois qu'il est temps de prendre un parti.

PATOULET.

Oui, mon petit ami, prenez votre parti, c'est ce que vous avez de mieux à faire.

ERNEST, *élevant la voix.*

M. Patoulet?

PATOULET, *sur le même ton.*

Monsieur?...

ERNEST.

Mademoiselle a reçu l'hommage de mes sentimens, essayez de les traverser est me faire la plus sensible offense, et vous allez m'en rendre raison.

PATOULET.

Monsieur, je ne connois pas cela.

ERNEST.

Je dis, Monsieur, qu'il faut vous battre avec moi, ou renoncer à Mademoiselle.

PATOULET, *à part.*

Essayons de l'intimider. (*Haut.*) Vous vous figurez peut être, Monsieur, parce que je suis de bureau...

ERNEST.

Ne perdons point de temps.

PATOULET.

Apprenez, Monsieur, qu'il y a cent cinquante ans qu'on porte l'épée dans la famille des Patoulet, et qu'un de mes ancêtres étoit attaché à la personne du grand roi Louis XII, en qualité d'officier... de bouche.

ERNEST.

Eh! que m'importe! voulez-vous en finir?

PATOULET, *continuant.*

Si, nonobstant, je me suis jeté dans la carrière des bureaux, c'est par amour pour la littérature.

ERNEST, *mettant l'épée à la main.*

Misérable! tu joins la raillerie à l'outrage....

PATOULET, *à Eufrasie en l'éloignant.*

Retenez-le, Mademoiselle, songez qu'il est dans une maison!...

ERNEST.

Je songe à te punir de ton insolence.

EUFRASIE.

Ernest, arrêtez.

ERNEST.

Air : *Vaudeville de Bancelin.*

Voyez donc
Quelle impudence !
Il se moque encor, je pense ;
Mais, corbleu ! de cette offense,
Moi, j'aurai raison.

SCÈNE X.

Les mêmes, M. GRUIN.

M. GRUIN, *à Ernest.*

Même air.

Pourquoi ce transport ?

EUFRASIE, *à Ernest.*

C'est mon tuteur, de la prudence.

PATOULET, *à Gruin.*

Ah ! sans ta présence,
Mon ami, j'étois mort.

ERNEST.

Un fat m'injurie,
Ma main le châtie ;
Marin et François,
Hésite-t-on jamais ?

EUFRASIE, *à Ernest.*

Croyez moi,
De la prudence ;
D'un sot oubliez l'offense,
Et d'éviter sa présence
Tout vous fait la loi.

PATOULET, *à part.*

Moi je crois
Que d'une offense,
En duel tirer vengeance,
C'est une grande imprudence,
Je connois la loi.

M. GRUIN, *à Ernest.*

Par ma foi
Cette insolence
Est indigne d'indulgence.
C'est trop loin pousser l'offense,
Sortez de chez moi.

ERNEST, *à Patoulet.*

Ah ! pour toi
Crois que l'offense,
Ne sera pas sans vengeance,
Je t'en donne l'assurance.
Va, compte sur moi.

(*Reprise en chœur.*)

(*Il sort.*)

SCENE XI.
Les mêmes, *excepté Ernest.*

M. GRUIN.
Il a bien fait de s'en aller, le sang commençoit à me porter à la tête. Mais, quel est cet audacieux ?

PATOULET.
C'est le protégé de Jean-Bart, et l'amant de Mademoiselle.

M. GRUIN.
Je vous en fais mon compliment.

EUFRASIE.
N'est-ce pas qu'il est bien gentil ?

M. GRUIN.
Mais je conseille à M. Jean-Bart de se mêler de ses affaires, elles sont assez mauvaises.

PATOULET, *avec joie.*
Seroit-il possible ?

M. GRUIN.
C'est un homme perdu !

PATOULET.
Un peu plutôt tu l'aurois trouvé ici.

M. GRUIN.
Chacun est indigné de la conduite qu'il a tenue devant le Roi.

EUFRASIE, *à part.*
Plus d'espoir ?

M. GRUIN.
Je ne l'ai pas vu moi, mais cette nouvelle court dans tout le château.

PATOULET.
Et lui ?

M. GRUIN.
Et lui ? et lui ?... je ne sais pas où il est, moi. Mais voici ma fille qui va nous l'apprendre.

SCENE XII.
Les mêmes, JULIE.

M. GRUIN.
Ah ! c'est vous, Mademoiselle, qu'avez-vous donc ?

JULIE.

Je suis très-contrariée.

PATOULET.

Ah! mon Dieu!

JULIE.

J'étois sortie avec M. le Conseiller pour voir Jean-Bart, et je ne l'ai pas vu; il n'a pas paru à la messe du Roi, et l'on ne sait où il s'est amusé.

PATOULET, *à part.*

Je le sais bien moi.

EUFRASIE.

Si vous étiez restée ici, ma bonne amie, vous l'auriez vu.

JULIE.

Vraiment?

EUFRASIE.

Demandez plutôt à Monsieur.

PATOULET.

Cela n'est que trop vrai.

JULIE.

Ah! que je suis fâchée! Et comment est-il?

EUFRASIE.

Mais, fort aimable.

PATOULET, *à part.*

C'est esprit de contradiction.

EUFRASIE.

Air : *A la façon de Barbari.*

Brillant de force et de santé,
 Son front porte l'empreinte;
D'un cœur plein de sa dignité,
 Noble et surtout sans crainte,
  Il est sans façon,
  Mais très-bon,

PATOULET, *à part.*

La faridandaine, la faridondon.

EUFRASIE.

  Et sans être faux,
  Plaint les maux
   D'autrui....

PATOULET.

   Oui
 A la façon de barbari,
  Mon ami.

M. GRUIN.

On le dit si crédule, qu'on lui a fait prendre, comme costume d'étiquette, une culotte de drap d'or doublée de drap d'argent. Ah! le tour est plaisant!

PATOULET.

C'est donc ça qui lui fait faire des grimaces effroyables. Ah! ah! ah!

JULIE.

Mais voici M. le Conseiller qui a dû le voir dans les appartemens.

SCENE XIII.

Les Précédens, LE CONSEILLER.

LE CONSEILLER, *un peu en désordre.*

Oui, Mademoiselle, et je regrette bien de vous avoir quittée.

EUFRASIE, *à part.*

Auroit-il eu affaire à lui?

PATOULET, *à part.*

M. le Conseiller m'a bien l'air d'en être aussi pour quelques côtes!....

JULIE, *avec intérêt.*

Que vous est-il donc arrivé?

LE CONSEILLER.

Ah! presque rien. J'ai su qu'après la messe Jean-Bart seroit présenté dans le salon de service, et j'ai voulu voir cette fameuse présentation.

JULIE.

Cela devoit être bien plaisant?

LE CONSEILLER.

Oui et non.

JULIE.

Donnez-nous donc des détails.

LE CONSEILLER.

Volontiers.

Air : *De la Hulin.*

Quand j'entrai, notre homme déjà,
Au Roi qu'il avoit fait attendre,
Naïvement, pour se défendre,
Avoit conté ce qui le retarda :
» Sur une flotte étrangère,
Lui disoit Sa Majesté,
» Un haut poste militaire,
» Par vous fût donc rejeté?

— » J'étois, Sire, un de vos sujets,
» Et le poste le plus illustre,
» A mes yeux avoit moins de lustre,
» Que ce beau titre et celui de Français.
» — Pourtant de peu de lumières,
» Votre esprit étoit orné ;
» Votre âge... — En telles matières
» En est-il qui soit borné ?
» J'avois vingt ans, et mon savoir
» N'alloit pas même jusqu'à lire ;
» Mais l'honneur sait toujours instruire
» L'homme de bien, de son devoir. »
Louis, de qui la grande âme,
A tout noble trait s'enflamme :
» Ta vertu, dit-il, réclame
» Un prix, et voilà le mien,
» Deviens mon plus ferme soutien,
» Je te confie une escadre à conduire...
» — Mille canons !... reprend-il, Sire,
» Votre Majesté fait très-bien. »

M. GRUIN.

Comment, il auroit dit cela au Roi ?

LE CONSEILLER.

En propres termes.

PATOULET.

Quelle ignorance des bienséances !

M. GRUIN.

Et, qu'a répondu Sa Majesté ?

PATOULET.

Ah ! oui, qu'a-t-elle répondu ?

LE CONSEILLER.

D'abord, quelques courtisans se mettent à rire....

PATOULET.

C'étoit bien fait pour cela.

LE CONSEILLER.

Alors le Roi se tournant vers eux : « Jean-Bart a raison, Mes-
» sieurs, leur dit-il, il sent ce qu'il vaut, et son cœur l'assure
» qu'il n'est pas indigne de ma confiance. »

M. GRUIN.

Le Roi a dit cela ?

LE CONSEILLER.

Oui, Messieurs.

PATOULET, à Gruin.

Eh ! bien, qu'est-ce que tu nous disois donc, c'est un homme perdu !

M. GRUIN.

Au fait, Messieurs, c'est un très-bon marin que ce Jean-Bart.

JULIE.

Mais, M. le Conseiller, êtes-vous bien sûr?....

LE CONSEILLER.

Sans doute, j'étois aussi près de lui que je le suis de vous, et c'est pourquoi j'ai essuyé quelques bourrasques.

JULIE.

Comment donc cela?

LE CONSEILLER.

Le Roi ayant voulu savoir comment Jean-Bart avoit pu sortir du port de Dunkerque, si étroitement bloqué; celui-ci qui ne sait guère discourir que d'actions, prend au hasard quelques personnes, au nombre desquelles je me trouvai malheureusement, et il les range autour de lui pour figurer la flotte ennemie:

Air: *Bon jour mon ami Vincent.*

Alors au milieu de nous,
S'escrime ce diable d'homme;
Et d'une grêle de coups
Brusquement il nous assomme.
Nous cherchons à fuir, mais il nous retient,
Ayant battu l'un, à l'autre il revient;
Même aux courtisans il s'adresse et comme
Le Roi voit leur crainte, il lui dit tout bas:
Ne vous gênez pas (*bis*)
Riant aux éclats
De leur embarras.

JULIE.

Voilà une aventure qui a dû effectivement réjouir Sa Majesté.

EUFRASIE.

C'est qu'en effet elle est fort plaisante.

SCENE XIV.

Les mêmes, UN LAQUAIS.

LE LAQUAIS, *à M. Gruin.*

Votre notaire.

M. GRUIN.

Qu'on le fasse entrer dans mon cabinet. (*A Patoulet.*) Viens, mon ami. (*A Eufrasie.*) Allons, mademoiselle.

EUFRASIE.

Comment, Monsieur....

M. GRUIN.

Je me suis expliqué, Mademoiselle, et vous savez que je ne cède jamais.

SCENE XV.

Les mêmes, JEAN-BART.

JEAN-BART, *au laquais*.

Seroit-ce par hasard ici que demeure Pierre Gruin?

EUFRASIE, *à part*.

Jean-Bart ici, tant mieux!

LE LAQUAIS.

Plaît-il, Monsieur?

JEAN-BART.

Faut-il que je prenne un porte-voix; je te demande si c'est ici que demeure Pierre Gruin, payeur de la marine?

PATOULET, *à part*.

Ah! mon Dieu! si je pouvois m'esquiver.

M. GRUIN, *avec un ton*.

Eh! bien c'est moi, qu'est-ce que c'est?

JEAN-BART, *avançant*.

C'est un bon qu'il faut me payer, une gratification du Roi. (*Il lui donne.*)

M. GRUIN.

L'heure des paiemens est passée, vous reviendrez demain.

JEAN-BART.

L'heure des paiemens.... Qu'est-ce que cela veut dire?

M. GRUIN.

Cela veut dire qu'on ne paie que jusqu'à deux heures; c'est l'usage. Dérangez vous donc pour payer Monsieur.

JEAN-BART.

Quel discours!

Air: *Contentons nous d'une simple bouteille.*

Ignores-tu que la plus faible somme,
Peut du besoin sauver un malheureux?
Et quel regret doit être au cœur de l'homme
Qui, sciemment, prolonge un mal affreux?
Je trouve donc l'usage ridicule,
Et je ne puis concevoir, en honneur,
Qu'un sot commis consulte sa pendule,
Quand le Monarque a consulté son cœur.

M. GRUIN.

Je crois en vérité qu'il veut me faire de la morale. Vous reviendrez demain vous dis-je. (*Il lui remet le bon, il tombe.*)

LE CONSEILLER, *à part.*

Encore une scène qui se prépare.

PATOULET, *à part.*

Si je pouvois le prévenir....

JEAN-BART, *à Gruin.*

A ça, me prends-tu pour un marin du Pec ou de la machine de Marly ? Ramasse et paie.

M. GRUIN.

Mais quel est donc ce ton là?

JEAN-BART.

Ramasse et paye, te dit-on?

M. GRUIN, *enfonçant son chapeau.*

Insolent!...

JEAN-BART, *tirant son sabre.*

Mille bombes!...

EUFRASIE.

Ah! M. Jean-Bart, ne vous fâchez pas.

M. GRUIN et JULIE.

M. Jean-Bart?

EUFRASIE.

Lui-même.

M. GRUIN, *ôtant son chapeau et ramassant le bon du Roi.*

Que ne le disiez-vous donc plutôt, Mademoiselle?... M. Jean-Bart, enchanté de faire votre connoissance... croyez que...

JEAN-BART.

C'est bon, c'est bon, paye, et fais moi grâce de ton verbiage.

M. GRUIN.

Avec plaisir. (*au laquais.*) Saint-Jean, Saint Jean, payez de suite le montant de cette ordonnance. (*Le laquais sort.*)

JEAN-BART, *passant devant Julie pour aller à Eufrasie.*

Pardon, Mademoiselle, eh bien, mon enfant, vous chagrine-t-on toujours ici ?

PATOULET, *à part.*

Gare à moi!

M. GRUIN, *avec douceur.*

Qu'est-ce-donc, M. Jean-Bart?

JEAN-BART.

Le père de cette jeune fille a été mon capitaine, et corbleu! je suis intéressé d'honneur à ne pas permettre qu'on la tourmente.

M. GRUIN.

Personne n'y pense, M. Jean-Bart.

JEAN-BART.

C'est que j'ai un arrangement à vous proposer, moi.

M. GRUIN.

Mais, permettez,..

JEAN-BART.

Écoutez-moi, de par la bordée de tribord.

M. GRUIN.

J'écoute.

JULIE, *au Conseiller.*

Mon père passe là un petit moment bien agréable.

JEAN-BART.

J'ai sous mon commandement un jeune homme auquel je m'intéresse, et qui aime cette petite ; il est honnête, brave, et en passe d'aller à tout, à moins qu'il ne se fasse tuer, cependant...

M. GRUIN.

Quoi! ce jeune homme?...

JEAN-BART.

Eh bien, qu'est-ce qu'il a, ce jeune homme?..

M. GRUIN.

Il n'a rien, Monsieur, voilà le malheur.

JEAN-BART.

Il n'a rien? Comptez-vous pour rien ses talens, sa jeunesse, sa bravoure? Dans le siècle où nous vivons, c'est quelque chose pourtant.

M. GRUIN.

Je les compte pour beaucoup, mais j'ai donné ma parole à Monsieur.

JEAN-BART, *regardant Patoulet.*

A ce petit iroquois?... Il a dû vous la rendre.

M. GRUIN.

Il ne me l'a pas rendue du tout, Monsieur, je vous le jure.

JEAN-BART, *lançant un regard à Patoulet.*

Heim?...

JULIE, *au Conseiller.*

Voilà un orage qui gronde sur la tête du pauvre Patoulet.

LE CONSEILLER.

Éloignons-nous un peu, j'ai peur des éclats.

JEAN-BART, *à Patoulet.*

Tu t'es donc joué de la promesse que tu m'avois faite ?

PATOULET, *tout tremblant.*

Je ne lui avoit rien dit encore de nos petits arrangemens ; c'est vrai, mais je n'avois pas l'intention de... et je vais vous signer...

JEAN-BART.

Je ne veux pas de ta signature; elle ne vaut pas mieux que ta parole ; mais cesse tes manœuvres, je ne jure pas en vain, tu le sais, et je suis homme à te couper les deux oreilles et à les attacher à la barre de mon gouvernail.

JULIE et LE CONSEILLER, *riant.*

Ah! ah! ah!

JEAN-BART.

Par la corbleu, Mesdames, il ne faut pas rire, c'est la vérité que je dis là.

PATOULET, *à part.*

Il prend M. le Conseiller pour une dame.

EUFRASIE, *à Julie.*

Quand je vous disois qu'il aimoit à obliger.

JEAN-BART, *en parlant de Patoulet*

Allons, voilà qui est arrangé de ce bord là. Que décidez-vous? Il ne faut pas louvoyer avec moi ; toutes voiles dehors.

M. GRUIN.

Si ce jeune homme étoit seulement breveté....

EUFRASIE.

Il le sera, Monsieur, il le sera.

M. GRUIN, *sévèrement,*

Plaît-il, Mademoiselle?

JEAN-BART.

Elle a raison, mais vous l'intimidez avec votre dureté, il faut lui parler doucement à cet enfant. Venez ici Mademoiselle, allons venez, vous dit on, par là ; cinq cents diables, ne craignez rien votre amant sera officier. J'ai parlé de lui ce matin au Roi, et Sa Majesté me l'a promis.

SCENE XVI.

Les Précédens, UN LAQUAIS *portant des sacs.*

LE LAQUAIS.

Voici la somme.

JEAN-BART, *voyant les sacs.*

Ah! ah! est-ce pour moi ça?

M. GRUIN.

Oui, Monsieur.

JEAN-BART, *au laquais.*

Il me paroît que tu me prends pour un mulet toi? est-ce qu'il n'y a pas d'or ici?

UN LAQUAIS.

Non Monsieur.

JEAN-BART.

Comment non?

M. GRUIN.

Voyez un peu ce que dit ce butor?

LE LAQUAIS.

Mais c'est vous, Monsieur, qui me recommandez toujours de dire qu'il n'y en a pas.

M. GRUIN.

Vous êtes un sot. Il y en a pour Monsieur.

LE LAQUAIS, *remportant les sacs.*

C'est différent!

SCENE XVII.

Les Précédens, ERNEST.

ERNEST.

Pardon si j'entre un peu brusquement; mais on m'a dit que mon Commandant étoit ici.

JEAN-BART.

Oui, mon petit, me voilà.

ERNEST, *un papier à la main.*

Air *du Pas redoublé.*

Je viens, d'un cœur reconnoissant
Vous présenter l'hommage;
Du Roi je reçois à l'instant
Ce bienfait, votre ouvrage;
Lisez...

JEAN-BART.

Ton brevet?... Envers-toi
A la fin l'on s'acquitte.

ERNEST.

Ah! c'est de vous seul que le Roi
Paye ici le mérite.

JEAN-BART, *à Gruin.*

Eh! bien, père Gruin, le mariage de nos jeunes gens est arrangé, n'est-ce pas?

M. GRUIN.

Mais....

JULIE, *à son père.*

Ah! mon père! pour vous opposer à cet hymen vous n'avez plus de raison...

JEAN-BART.

Il n'en a jamais eu de raison; et pour qu'il ne puisse pas en alléguer la plus petite, je donne ma gratification à mon protégé, pour cadeau de noce: hem?... il faut se rendre à cela ou soutenir l'abordage.

M. GRUIN.

Je me rends. (*A Patoulet.*) Que veux-tu, mon ami, ce n'est pas ma faute.

PATOULET.

Il faut convenir qu'on a des jours de malheur; c'étoit bien la peine de me faire venir tout exprès de Dunkerque.

EUFRASIE.

Je savois bien que je ne serois pas Madame Patoulet.

JEAN-BART.

Pauvres enfans! ils m'attendrissent! et cela n'est pas étonnant, je suis si sensible moi!

ERNEST.

Mais avec ce brevet, j'ai reçu l'ordre de veiller sur vous, mon commandant.

JEAN-BART.

Qu'est-ce à dire, petit?

ERNEST.

Que le Roi sait que vous vous exposez trop dans les jours de combat.

JEAN-BART.

Que veux-tu, c'est plus fort que moi.

J. Bart à Versailles.

Air de Lantara.

Quand j'aperçois ces vils corsaires
Du nom Français, éternels ennemis ;
Alors je ne calcule guères
Que l'intérêt de mon pays.
Contre eux je fais le diable à quatre,
Connoissant trop tous leurs détours honteux :
Ils sont si faux, mon cher, qu'il faut les battre,
Pour n'être pas trahi par eux.

A ça, réconciliation générale. (*A Patoulet.*) Je te pardonne à toi ; touche là, touche là, te dit-on. Mais une autre fois ne t'avise plus d'entraver mes opérations.

PATOULET.

C'est un penchant dont vous m'avez corrigé et pour jamais.

JEAN-BART.

Je suis enchanté. (*A Gruin.*) Vous, papa Gruin, vous êtes un brave homme, autant que peut l'être un homme de finances ; mais vous êtes trop fier, et je vous réponds que vous ne le seriez pas tant, si tous ceux à qui vous avez affaire me ressembloient un peu (*Au Conseiller en lui présentant la main.*) Et vous aussi, Monsieur.... Mais il me semble que je vous ai vu quelque part ?

LE CONSEILLER.

Oui, Monsieur, oui, c'est vrai, dans les appartemens du Roi.

JEAN-BART.

Ah ! je me rappelle ; vous êtes un de ceux que j'avois mis en ligne. Je vous avois, je crois, choisi pour représenter une des flûtes de la croisière ennemie.

LE CONSEILLER.

Justement.

JEAN-BART.

Je vous ai un peu tarabusté ; mais si vous ne vous en plaignez pas, personne n'a rien à dire.

LE CONSEILLER.

Rien du tout, Monsieur... certainement... au contraire.

JEAN-BART.

Vous voyez bien que je ne suis pas si rude à manier qu'on voudroit bien le dire ; mais nous agissons franchement nous autres marins, et il seroit temps enfin que tout le monde hissa le même pavillon.

VAUDEVILLE.

JEAN-BART.

Air : je suis le petit tambour.

Sans crainte et d'un pas certain
Marcher à son adversaire,
C'est en amour comme en guerre
  La manière,
D'un franc marin.

[*Reprise en chœur.*]

Sans crainte et d'un pas certain, etc.

JEAN-BART.

Souvent dans son inconstance
Le sort usa de rigueur ;
Mais en perdant tout, la France
Ne perdit jamais l'honneur.

Dans une douce union,
Oui, nous verrons la victoire,
Ramener encor la gloire
Sous notre heureux pavillon.

(*On reprend en chœur les quatre derniers vers de chaque couplet.*)

ERNEST.

Dans notre ardeur de conquête,
Si le vaisseau de l'État
Fut battu par la tempête,
Il reprendra son éclat.

Qu'un monarque juste et bon
Gouverne toujours en père :
On verra la France entière
Défendre son pavillon.

EUFRASIE, *au public:*

Pour se soustraire à l'orage,
L'auteur fit plus d'un effort :
Mais il redoute un naufrage
Lorsqu'il approche du port.

Ah! sans rigueur pourroit-on
Pour lui, se montrer sévère,
Quand humblement au parterre,
Il amène pavillon ;

D'un succès trop peu certain
Il craint un public sévère.
Ne lui faites pas la guerre,
Et protégez son marin.

FIN.

www.ingramcontent.com/pod-product-compliance
Lightning Source LLC
Chambersburg PA
CBHW060704050426
42451CB00010B/1266